Ich bin dir näher, als du glaubst, Gott

Ich bin dir näher, als du glaubst, Gott

Leben mit Gott

WERNER HANITZSCH

Bibliografische Information der Deutschen Nationalbibliothek:

Die Deutsche Nationalbibliothek verzeichnet diese Publikation
in der Deutschen Nationalbibliografie;
detaillierte bibliografische Daten sind im Internet
über http://dnb.dnb.de abrufbar.

Satz, Umschlaggestaltung, Herstellung und Verlag:
BoD - Books on Demand, Norderstedt

ISBN: 978-3-7504-4980-0

Inhalt

Vorwort

Liebe Leserinnen und liebe Leser,
liebe Schwestern und liebe Brüder.

Das Echo, oder auch auf Neudeutsch das Feedback, auf mein Buch

„Wo ist Gott?"

ist so enorm, die Fragen und Diskussionen so umfangreich, dass ich mich veranlasst sehe, einen zweiten Teil mit Erläuterungen zu schreiben.

Ich möchte aber betonen, dass ich kein Theologe bin und alles, was ich zum Ausdruck bringe, aus meinem Herzen kommt und meiner Überzeugung des Glaubens entspricht. Das Wissen entwickelt sich, wenn man sich mit Gott und dem Glauben an ihn befasst.

Diesem zweiten Teil habe ich den Titel „Ich bin dir näher, als du glaubst, Gott" gegeben. Dieser Spruch prangt seit einiger Zeit (2019) an dem Baugerüst des Kirchturmes unserer Kirche in Gummersbach. Die Verwendung als Titel zu diesem Buch erfolgt mit freundlicher Genehmigung von Herrn Pfarrer Markus Aust, Gummersbach.

Vorausschicken möchte ich noch, dass es durchweg nur positive Meinungen und absolute Zustimmung zu dem Buch „Wo ist Gott?" gibt.

Ich bin auch weiterhin jederzeit gern bereit, über dieses Thema zu diskutieren, und werde jede Frage beantworten.

Ich will dabei helfen, dass die Menschen lernen, das Richtige vom Falschen und das Wahre vom Unwahren unterscheiden zu können.

Der am häufigsten angesprochene Punkt ist die Frage der Auferstehung der Toten. Deshalb werde ich auch dieses Buch damit beginnen.

Ich wünsche Ihnen eine interessante Lektüre, bleiben Sie auch weiterhin schön neugierig und vertrauen Sie auf Gott!

Ihr Werner Hanitzsch

Die Auferstehung der Toten

In unserem Glaubensbekenntnis heißt es:

**Ich glaube an die Auferstehung der Toten
und das ewige Leben.**

Dies ist der Punkt, zu dem es die meisten Fragen und auch die meisten Irrtümer gibt.

Gibt es für den Menschen ein Fortleben nach dem Tode?

Gibt es ein Jenseits mit einer Geisterwelt?

Oder ist nach der Friedhofsmauer alles zu Ende?

Diese und ähnliche Fragen werden immer und immer wieder gestellt.

Es ist nur verständlich, dass die Menschen diesen Satz im Glaubensbekenntnis schon vor langer, langer Zeit für sich gemäß ihren Wunschvorstellungen ausgelegt haben und der Meinung waren, oder es auch heute noch sind, irgendwann am „Jüngsten Tag" würden alle Menschen mit ihrem irdischen Körper wieder zum Leben erweckt, würden also „auferstehen". Gott, der ja schon immer Wunder vollbracht hat, wird auch dieses Wunder eines Tages wahr werden lassen. Ich kenne viele Menschen, die deshalb der Meinung sind, nach dem Ableben könne nur eine Erdbestattung durchgeführt werden, da nach einer Feuerbestattung eine Auferstehung nicht mehr möglich ist.

Wenn man sich den oben genannten Satz im Glaubensbekenntnis ansieht und nicht weiter darüber nachdenkt, könnte man ja auch zu diesem Schluss kommen. Denn letztendlich wird der ja von der Kirche vertreten. Das ist auch völlig in Ordnung. Nur, hier liegt leider ein entscheidender Denkfehler bei den Menschen vor. Bei der Auferstehung der Toten geht es nicht um den **irdischen** Leib des Menschen, sondern um den zweiten, nämlich den **himmlischen Körper**, welchen wir von Gott nach dem Ablegen unseres irdischen Leibes erhalten. Und genau das ist mit dem oben genannten Satz aus dem Glaubensbekenntnis gemeint. Der irdische Leib verfällt unwiederbringlich zu Erde. Dies ist ein rein physikalischer Vorgang der Materie und wurde von Gott bei der Schöpfung so festgelegt. Unabänderlich und endgültig. Aber wie wir wissen, stirbt und verfällt nur unser **irdischer Leib.** Unsere Seele beziehungsweise unser Geist (das Energiefeld) bleibt ewig leben und kann nie sterben oder verloren gehen. Das ist ein unumstößliches Naturgesetz (Grundgesetz der Physik)!

Dieses Energiefeld wird wieder in das göttliche **Energiefeld,** wir sagen „Himmel" dazu, eingefügt und erhält dort den neuen göttlichen Leib, der mit dem irdischen nichts gemein hat.

Deshalb können wir die eingangs erwähnten Fragen wie folgt beantworten:

1. Ja, es gibt ein Jenseits mit einer „Geisterwelt" (**geistigen Welt**), und
2. nein, nach der Friedhofsmauer ist **nicht** alles zu Ende!

Nur der irdische Körper verfällt. Der Geist, die Seele (das Energiefeld) bleibt bestehen.

Bereits im 2. Korinther 5 steht geschrieben:

Das wissen wir: Unser irdischer Leib ist vergänglich; er gleicht einem Zelt, das eines Tages abgebrochen wird. Dann erhalten wir einen neuen Leib, eine Behausung, die nicht von Menschen errichtet ist. Gott hält sie im Himmel für uns bereit, und sie wird ewig bleiben. Voll Verlangen sehnen wir uns danach, den neuen Leib schon jetzt überzuziehen wie ein Gewand, damit wir nicht nackt, sondern bekleidet sind, wenn wir unseren irdischen Körper ablegen müssen.

Solange wir in diesem Körper leben, liegt eine schwere Last auf uns. Am liebsten wäre es uns, wenn wir nicht erst sterben müssten, um unseren neuen Körper anziehen zu können. Wir möchten den neuen Körper einfach über den alten ziehen, damit alles Vergängliche vom Leben überwunden wird. Auf dieses neue Leben hat uns Gott vorbereitet, indem er uns als sicheres Pfand dafür schon jetzt seinen Geist gegeben hat. Deshalb sind wir jederzeit zuversichtlich, auch wenn wir in unserem irdischen Leib noch nicht bei Gott zu Hause sind. Unser Leben auf dieser Erde ist dadurch bestimmt, dass wir an ihn glauben, und nicht, dass wir ihn sehen. Aber wir rechnen fest damit und würden am liebsten diesen Leib verlassen, um endlich zu Hause beim Herrn zu sein. Ganz gleich ob wir nun daheim bei ihm sind oder noch auf dieser Erde leben, wir möchten in jedem Fall tun, was Gott gefällt. Denn einmal werden wir uns alle vor Christus als unserem Richter verantworten müssen. Dann wird jeder das bekommen, was er für sein Tun auf dieser Erde verdient hat, mag es gut oder schlecht gewesen sein.

Die im Text stärker hervorgehobenen Worte „und sie wird ewig bleiben" deuten auf den Satzteil im Glaubensbekenntnis **„und das ewige Leben"** hin.

So mancher Mensch wird bei dieser Erkenntnis sehr enttäuscht sein, weil er am irdischen Leben und an seinen lieben Verwandten sehr hängt. Bisher waren viele absolut überzeugt, dass sie eines Tages, nach ihrem Ableben, auferstehen und als irdische Menschen wieder am Leben teilnehmen könnten. Aber bitte denken Sie einmal darüber nach: Erstens ist dieses Wunder der irdischen Auferstehung physikalisch nicht möglich und auch nicht vorgesehen, und zweitens ist doch die Gewissheit, dass wir uns alle in unserem himmlischen Leib wiedersehen, noch viel schöner. Denn dieses Wiedersehen findet sofort nach dem Ableben statt und nicht erst irgendwann am Jüngsten Tag. Das „himmlische Sein" nach dem Ablegen unseres irdischen Leibes währet ewiglich und ist frei von Schmerzen, Krankheiten und Sorgen, denn es hat absolut nichts mit Materie zu tun. Das ist die wahre „Auferstehung der Toten".

Also auch diese Erkenntnis bringt uns Zuversicht und macht uns glücklich.

Ja, was ist aber dann mit der Auferstehung von Jesus Christus? Die war doch irdisch und hat tatsächlich stattgefunden! Also, hier müssen wir einiges bedenken. Zunächst findet hier die Auferstehung nicht mit einem bereits zu Erde zerfallenen Leib statt, sondern drei Tage nach dem Ableben von Jesus Christus. Das ist also ein enormer Unterschied. Seine Jünger haben ihn nicht erkannt. Da könnte man vermuten, dass Gott für diese Auferstehung nicht den geschundenen und zerstörten Leib von Jesus Christus genommen hat, sondern den eines Verstorbenen mit unzerstörten Organen, denn die mussten ja weiter arbeiten. Das ist aber auf alle Fälle nur ein Gedanke, eine Vermutung. Ein Wunder Gottes bleibt es in jedem Fall, denn Gott hat ja hier nicht nur die geistige Auferstehung wahr werden lassen, sondern auch die irdische, leibhaftige. Schließlich geht es ja um seinen Sohn. Dies bleibt aber eine absolute Ausnahme und als solche nur seinem Sohn vorbehalten. So geschehen, da Jesus Christus noch Aufgaben für den Vater auf der Erde zu erledigen hatte.

Über den Tod von Jesus Christus am Kreuz in Golgatha gibt es viele Geschichten und Gerüchte. Von „Ein anderer ist für Jesus Christus gestorben" bis „Jesus Christus ist schon vor seinem Tod vom Kreuz genommen worden und ist aus seinem Grab geflohen" (leeres Grab). Die Entstehung dieser Geschichten ist nicht verwunderlich, aber nicht prüfbar.

Am 40. Tag nach der Auferstehung wird Jesus Christus endgültig zum Vater gerufen. Diesen Tag bezeichnen wir mit „Christi Himmelfahrt". Wenn man es **irdisch** betrachtet, ist hier Jesus Christus, mit seinem irdischen Körper, das zweite Mal verstorben, und ich bin mir nicht darüber im Klaren, ob man diesen Tag überhaupt als frohen Tag oder fröhlichen Feiertag begehen kann. Die theologische Betrachtung ist wesentlich komplizierter und schwerer zu verstehen.

Das, was uns daran froh macht, ist die Tatsache, dass Jesus Christus an diesem Tag endgültig zu seinem Vater, also in die Wirklichkeit Gottes, zurückgekehrt ist. Aber der Brauch, diesen Tag fröhlich zu begehen, hat sich über Jahrhunderte entwickelt, und so ist aus dem „Tag des Herrn" der Vatertag oder Männertag geworden.

An dieser Stelle sei mir gestattet, einmal darauf hinzuweisen, dass ich es nicht verstehe, warum viele Männer diesen Tag teilweise so ausufern lassen. Es ist der Tag des „Herrn". Gemeint ist unser himmlischer „Herr" und nicht die irdischen Männer!

Die sogenannte „Herrenpartie" ist ein biblisches Ereignis. Die Jünger Jesu sind auf den Ölberg gezogen, um sich von Jesus Christus zu verabschieden. So ist der Begriff „Herrenpartie" entstanden. Aber es gibt doch keinen Grund, sich zu betrinken. Ich bin mir nicht mal sicher, ob es wirklich ein froher Tag ist, den man auch fröhlich feiern sollte. Aber sei es, wie es sei, hier werden eindeutig Grenzen überschritten, welche menschenunwürdig und absolut nicht geeignet sind, dem Sinn dieses Tages gerecht zu werden.

Wir können also auf keinen Fall die Auferstehung von Jesus Christus mit der Auferstehung der Menschen nach ihrem Tod vergleichen. Die Auferstehung von Jesus Christus war zwar irdisch, aber eine himmlische Ausnahme. Die Auferstehung der Menschen hingegen ist geistig zu verstehen. Das heißt, die „Auferstehung der Toten" betrifft den Geist und findet in der geistigen Welt Gottes, dem sogenannten „Himmel", statt. Eine körperliche, also irdische, Auferstehung der Toten ist nicht vorgesehen und auch nicht möglich, denn alle Körper sind in der Zwischenzeit wieder, wie vorgesehen, zu Erde geworden. Mancher könnte jetzt sagen: Gott kann auch dieses Wunder vollbringen! Aber das ist wirklich nicht möglich, weil in der Schöpfung nicht vorgesehen. Bitte stellen Sie sich doch mal vor, es wäre so. Die verstorbenen Menschen aus Jahrtausenden würden alle irdisch auferstehen. Das wäre eine unhaltbare Katastrophe, denn die Erde könnte sie nicht ernähren.

Der Satz in unserem Glaubensbekenntnis „Ich glaube an die Auferstehung der Toten und das ewige Leben" wäre auch völlig sinnlos, wenn wir darauf Tausende von Jahren warten müssten. Die ersten Menschen, welche vor Tausenden von Jahren verstorben sind, würden immer noch auf ihre Auferstehung warten. Damit müsste eigentlich jedem klar sein, dass diese irdische Auferstehung damit nicht gemeint sein kann, sondern, wie oben erwähnt, die geistige.

Gott lässt alles wachsen, ja, das stimmt! Aus einem Sperma und einer Eizelle entsteht ein großer menschlicher Körper. Aber aus einem wieder zu Erde zerfallenen ehemaligen Körper wieder einen Körper mit all seinen komplizierten Mechanismen werden zu lassen, nein, das geht tatsächlich nicht.

Damit ist auch klar, dass nach der Friedhofsmauer nicht alles zu Ende ist, sondern dass die geistige Existenz des Menschen weitergeht.

Damit dürfte es eigentlich keine Fragen mehr zu dem Thema „Auferstehung" geben.

Das Wunder „Leben mit Gott"

Nachdem wir uns Gedanken über unser „Sein" **nach** dem Ende unseres irdischen Lebens gemacht haben, wollen wir über unser irdisches Leben mit Gott nachdenken. Hierzu gehört auch das Leben mit der „Geisterwelt"! Ich höre schon das Stöhnen und sehe die entsetzten Gesichter der Leser. Deshalb eine kurze Erläuterung des Begriffes „Geisterwelt".

Bitte sehen Sie die sogenannte „Geisterwelt" nicht mehr mit den Augen unserer Kindheit, sondern mit den Augen wissender Christen. Gott und alles, was damit zusammenhängt, ist keine Materie, und das bedeutet, er oder es ist geistigen Ursprungs! Und Geist, oder Geistiges, ist **Energie!** Und dieses unvorstellbar große Energiefeld ist die sogenannte „Geisterwelt" oder **geistige Welt** und hat absolut nichts mit „Geistern oder Gespenstern" unserer Phantasie zu tun, sondern ist die „geistige Welt" Gottes, nämlich der „Himmel".

Das, was wir mit „Himmel" in unserer Alltagssprache bezeichnen und sehen, ist das Weltall und hat nichts mit dem Himmel Gottes zu tun. Es ist sehr, sehr bedauerlich, dass wir in der deutschen Sprache für beides, nämlich den irdischen Himmel (das Weltall) und den göttlichen Himmel (das Energiefeld „Gott"), im Gegensatz zur englischen Sprache nur eine Vokabel besitzen. In der englischen Sprache steht „sky" für den irdischen Himmel und „heaven" für den geistigen, also den Himmel Gottes.

Dadurch werden schon viele Irrtümer vermieden und es hätte nicht passieren können, dass ein Kosmonaut nach seiner Landung auf der Erde sagt: Wenn es einen Gott gäbe, hätte ich ihn sehen müssen!

Das Weltall hat nichts mit dem Himmel Gottes zu tun!

Dass wir immer von Gott, unserem Vater, sprechen, liegt daran, dass wir ja auch tatsächlich unseren Ursprung dort, also in der geistigen Welt Gottes, im „Himmel" haben. Damit will ich sagen, auch wenn jeder Mensch körperlich und materiell auf der Erde entsteht (Geburt), hat jeder Mensch seinen geistigen Ursprung in der großen Energiewolke Gott (Himmel), denn von dort wird sein irdischer Körper belebt. Das klingt sehr unwirklich, ich weiß. Aber es ist so! Wenn ein Mensch im Mutterleib entsteht, erhält er seine Lebensenergie (Gott) aus dem großen Energiefeld „Gott".

Es geht uns alles sehr leicht über die Lippen. „Das Leben mit Gott", oder „das Leben in Gott", oder „Gott ist mit uns". Aber was heißt das? An einem Baugerüst unserer Kirche in Gummersbach hängt zurzeit (im Jahr 2019) ein großes Transparent: „Ich bin dir näher, als du glaubst, Gott". Dieser Spruch ist viel treffender, als sich die meisten Menschen vorstellen. Dieser Spruch sagt eigentlich alles über unsere Verbindung zu Gott aus, und ich werde dazu noch viele Erklärungen abgeben.

Vorstellung, Wunsch und Phantasie haben über Jahrtausende in den Köpfen der Menschen die Bilder indiziert, welche die Menschen gerne sehen wollten! Das ist ganz natürlich und geradezu logisch. Die Entstehung des Glaubens habe ich in meinem Buch „Wo ist Gott?" bereits beschrieben. Das Wissen der Menschen über Gott wird von Jahrhundert zu Jahrhundert größer und umfangreicher. Überlieferungen und Erfahrungen bilden das Wissen und die Vorstellungen der Menschen von Gott weiter. Mit zunehmendem Wissen wird es den Menschen möglich, die Zusammenhänge Gott-Mensch zu erkennen, zu erweitern und damit den Kontakt zu Gott herzustellen und zu vertiefen. Diese Erkenntnis stellt sich nicht plötzlich ein, so wie man das Licht einschaltet, sondern entwickelt sich ganz langsam von Generation zu Generation. Das Allerwichtigste dabei ist allerdings, dass man es will! Gott hat den Menschen ihre freien Gedanken und Entscheidungen garantiert, und so wird es bleiben. Kein Mensch wird je von Gott bestraft werden, nur weil er nicht von der Existenz Gottes überzeugt ist. Gott (die geistige Energie) bemüht sich, die Erkenntnisse der Menschen ständig zu verbessern, und weiß selbst ganz genau, dass alle Menschen eines Tages an ihn glauben, weil sie dann wissen, wo er ist und was er ist. Diese Erkenntnis ist eine unabänderliche Tatsache. Seit Jahrtausenden ist Gott bemüht, diese Erkenntnisse den Menschen zu vermitteln. Es gibt viele erkennbare und erwähnenswerte Beispiele dafür, wie Gott das schon immer gemacht hat und noch macht. Einige habe ich im ersten Teil dieses Buches bereits beschrieben. Ein ganz, ganz wichtiger Punkt ist dabei Jesus Christus. Gott hat seinen eigenen Sohn, Jesus Christus, einen Menschen aus Fleisch und Blut, auf die Erde geschickt, um die Menschen zu lehren.

Jesus Christus hat nicht sehr lange gelebt und wurde von den Menschen, welchen er helfen wollte, umgebracht. Doch die Nachhaltigkeit seiner Existenz ist heute noch immer spürbar. Ohne ihn gäbe es keine Kirche und keinen Glauben an Gott. Damit hat Gott einen großen Teil seines geplanten Zieles erreicht und dafür seinen Sohn geopfert. Dies ist der Hintergrund der kirchlichen Aussage: „Jesus Christus ist auch für dich am Kreuz gestorben."

Man könnte annehmen, dass die Menschen, welche Jesus Christus ermordet haben, ungestraft davongekommen wären, weil wir es nicht besser wissen. Aber ich bin felsenfest davon überzeugt, dass diese Menschen sehr wohl hart bestraft wurden, auch wenn wir es nicht erkennen. Bitte denken Sie an die Geschichte mit dem gestohlenen Geldbeutel aus meinem Buch „Wo ist Gott?". Diese Geschichte ist ein sehr gutes Beispiel dafür, wie die göttliche Allmacht arbeitet und funktioniert.

Die göttliche Allmacht wird es nie zulassen, dass solche oder ähnliche Taten der Menschen ungesühnt bleiben. Auch wenn wir es nicht auf den ersten Blick erkennen.

Inzwischen wissen wir, **was** Gott ist und **wo** Gott ist. Nun wollen wir dieses Wissen in unser Leben einfügen.

Nehmen wir einfach noch mal den Spruch vom Kirchturm Gummersbach zur Hand: „Ich bin dir näher, als du glaubst, Gott"

Diesen Spruch müssen wir uns verinnerlichen! Nichts ist wahrhaftiger als dieser Spruch.

Die Überschrift dieses Kapitels, Das Wunder „Leben mit Gott", habe ich nicht zufällig gewählt, sondern mit großem Bedacht. Der vorgenannte Spruch sagt nämlich genau das aus. „Ich bin dir näher, als du glaubst, denn ich bin in dir!" So könnte man diesen Spruch ergänzen. Also Gott ist in uns, wir leben mit ihm! Ob wir es glauben oder nicht. Gott könnte uns gar nicht näher sein! Ob wir es wahrhaben wollen oder nicht, ob wir es glauben oder nicht, es gibt gar keine andere Option! **Wir könnten ohne Gott in uns gar nicht leben!** Das ist keine Phrase, sondern realistisch. Natürlich werde ich Ihnen diese Behauptung noch beweisen.

Manche Menschen glauben, dass es völlig gleichgültig ist, was sie von Gott denken oder ob sie an ihn glauben! In einer Beziehung haben sie natürlich recht: Jeder Mensch lebt völlig gleich und normal, ob er an Gott glaubt oder nicht! Ihn wird deswegen keine Strafe treffen und er wird auch keinerlei Nachteile im Leben haben, es sei denn, er ist von negativer Energie besetzt. Dann ist nicht Gott in ihm, sondern sein Gegenpart, also im Volksmund sagen wir „der Teufel". Bitte, der Begriff „Teufel" steht hier als Pseudonym für „negative Energie" und hat nichts mit dem Bild des „Gehörnten" zu tun.

Allerdings ist es für das Wohlbefinden und das Seelenheil des Menschen nicht gleichgültig. Denn mit dem Wissen um den Glauben an Gott geht es den Menschen psychisch besser. Das habe ich selbst feststellen können und durch Befragungen bestätigt bekommen.

Hier müssen wir aber unbedingt ganz eindeutig den Glauben an Gott und den Besuch eines Gottesdienstes trennen. Wenn es uns auch schwerfällt. Es ist tatsächlich so, dass es viele Menschen gibt, welche an Gott glauben, aber keinen inneren Zugang zur Kirche finden. Aus welchen Gründen auch immer. Diesen Umstand müssen wir einfach akzeptieren und versuchen, diese Menschen aufzuklären, um ihnen zu helfen. Auf diesen Aspekt werde ich in dem nächsten Kapitel dieses Buches eingehen.

Das Leben mit negativer Energie, also ohne Gott, ist der Sonderfall. Gehen wir vom Normalfall aus. Der Mensch ist mit positiver Energie, also mit Gott, verbunden und wird von ihr (ihm) beeinflusst. Hier und an dieser Stelle möchte ich aber ganz besonders darauf hinweisen und betonen, dass es auch viele Menschen gibt, welche zwar nicht an Gott glauben, weil sie noch nicht aufgeklärt sind, aber trotzdem mit göttlicher, also positiver, Energie leben. Damit will ich sagen, dass ein Mensch, der keinen inneren Zugang zur Kirche findet, noch lange kein Mensch mit negativer Energie (Teufel), also böse, sein muss. Ihm fehlt nur eine gewisse Aufklärung. Ich nehme an, dass Sie das Buch „Wo ist Gott?" gelesen haben. In diesem Fall kennen Sie bereits die Zusammenhänge dieser Aussage.

Also Gott (die positive Energie) ist in uns und macht es erst möglich, dass wir leben (wieso, werde ich noch erläutern), dass wir uns bewegen können und dass wir Gefühle besitzen oder entwickeln können. Das versteht wohl jeder. Ohne diese innere Energie (also ohne Gott) ist kein einziger Lebensvorgang möglich. Dabei laufen hochkomplizierte Vorgänge ab, welche wir richtig interpretieren müssen, um sie zu verstehen. Ich werde versuchen, diese Vorgänge etwas vereinfacht darzustellen.

Gott ist Energie und Energie ist Gott. Diese Aussage kennen Sie schon aus dem Buch „Wo ist Gott?".

Bereits bei der Vereinigung eines Spermiums mit einer weiblichen Eizelle beginnt das große Wunder und der komplizierte Vorgang der Energieübertragung, also die Besetzung des werdenden Menschen mit Gott. Der Vollständigkeit halber möchte ich an dieser Stelle noch mal dieses Wunder des ersten Schrittes der Menschwerdung beleuchten. Bei einer Ejakulation des Mannes werden etwa 250 000 000 Spermien freigesetzt! Die beginnen sich alle sofort in Richtung Eizelle zu bewegen. 500 bis 800 Spermien erreichen diese und nur einer einzigen gelingt es, in diese Eizelle einzudringen und sich damit mit dieser zu vereinigen. Man muss schon gründlich über diese Größenordnungen nachdenken, um das „Wunder" dieses Vorganges erfassen zu können.

Wie wir aus der Physik wissen, kann Energie weder von selbst entstehen noch sonst wie erzeugt werden (Energieerhaltungsgesetz). Wenn wir von der „Erzeugung" von Elektroenergie sprechen, meinen wir die Erzeugung von **Elektroenergie**, aber nicht von Energie. Wir können nur vorhandene Energie übertragen und durch Zuführung von anderen Energieformen verändern oder ergänzen. Das klingt zwar etwas kompliziert, ist aber ein ganz normaler Vorgang.

Die durch das Spermium befruchtete Eizelle nistet sich in der Gebärmutter ein und wird dort durch das Blut der Mutter immer weiter mit Nährstoffen, welche die erforderliche „Energie" enthalten, versorgt. So wird der Fötus von Anfang an mit der für das Wachstum erforderlichen

Energie, also mit Gott, versorgt. Hier muss ich nun allerdings sagen: Das klingt sehr einfach, ist es aber nicht. Denn hier beginnen bereits diese komplizierten Vorgänge, welche wir als „göttliches Wunder" bezeichnen. Ja, ja, ich weiß, das ist alles erforscht und der Werdegang bekannt!

Bitte denken Sie nach! Da werden zwei menschliche Zellen vereinigt, also fast ein „Nichts" an Materie, und daraus entwickelt sich (wächst) eine sehr komplizierte chemische Fabrik mit einem Wärmekraftwerk, wo jedes Aggregat (Organ) seinen ganz bestimmten Platz und seine festgelegten Aufgaben hat, ganz von selbst. Also wir denken das, aber es ist nicht so. Wir sagen einfach: es „wächst". Diesen Begriff verwenden wir so selbstverständlich wie „essen" oder „trinken". Aber „wachsen", was ist das und wie geht das? Was geschieht da eigentlich? Bei **allem**, was „wächst", erhebt sich sofort die Frage: Wo kommt es denn her, was da „wächst"? Wie kann diese Materie entstehen? Eine Eichel wird in die Erde gesteckt und ein dicker starker Baum mit viel Holz „wächst". Aus was besteht denn das viele Holz, was da „wächst", und **wo kommt es her?** Wir wissen, dass es so ist. Wir wissen auch, dass die Materie, die da „wächst", aus Atomen und Molekülen besteht, aber wir wissen nicht, warum, und wieso sich diese Atome gerade in diesem Fall zu diesen Molekülen bilden, und vor allem, woher sie kommen.

Moleküle sind ja bereits Materie und müssen irgendwo herkommen. Wir wissen, dass jedes Jahr eine bestimmte Schicht Holz an diesem Baum „wächst" (die Jahresringe). Diese Ringe sind zu sehen und zeigen uns, wie alt der

Baum ist. Das ist für uns so selbstverständlich, dass wir gar nicht mehr darüber nachdenken. Aber wie ist das möglich? Diese Fragen entstehen bei allem, was da „**wächst**". Die Menschen haben viele, viele Rätsel des Werdens in der Natur entschlüsselt, aber dieses große Rätsel nicht.

Wir kennen die molekulare Zusammensetzung der unterschiedlichsten Materien, aber wir wissen nicht, wo sie herkommen und wieso sie entstehen (wachsen).

Wir wissen auch, dass man durch Veränderung der Moleküle und deren Zusammensetzung völlig andere Stoffe herstellen oder erzeugen kann. Dieses Geheimnis hat der menschliche Forschergeist entschlüsselt.

Haben Sie schon mal darüber nachgedacht, was geschieht, wenn wir ein Stück Holz anzünden? Mit der Flamme beginnt ein **chemischer** Vorgang. Das Holz „**oxidiert**", also die Holzmoleküle verbinden sich mit den Sauerstoffmolekülen und dabei wird Wärmeenergie freigesetzt. Diese Wärme ist also ein Abfallprodukt der chemischen Reaktion bei dem Übergang der „Holzmoleküle" in „Sauerstoffmoleküle". Was nach der Reaktion übrig bleibt, ist Asche. Ich erzähle diese bekannten Vorgänge nur, um mit aller Deutlichkeit darauf hinzuweisen, dass jeder noch so kleine und bekannte Vorgang ein Vorgang der göttlichen Energie ist.

Zurück zu unserem eigentlichen Thema.

Mit der Vereinigung des Spermiums mit der Eizelle beginnt für uns Menschen bereits das Leben mit Gott. Das bedeutet: Von der ersten Sekunde unseres Werdens an ist Gott bei und in uns! (Ich bin dir näher, als du glaubst.)

Bitte versuchen Sie einmal ganz nüchtern und real zu überlegen: Da werden zwei menschliche Zellen (Materie) zusammengebracht, also vereinigt, es ist praktisch ein materielles „Nichts", aber daraus entwickelt sich ein Mensch mit einem unvorstellbar komplizierten Organsystem (Organismus).

Wenn Menschen eine Maschine bauen, benötigen sie dafür eine Zeichnung mit Konstruktionsangaben und komplizierten Berechnungen. Gott baut die Maschine „Mensch" ohne Zeichnung, aber mit ausgeklügelter Perfektion. Jedes Teil (Organ) „wächst" automatisch in der erforderlichen Konstruktion für die vorgesehenen Aufgaben und immer an dem erforderlichen, richtigen Platz.

Beide „Maschinen" (Mensch und Technik) benötigen ständig Energie für ihren Antrieb. Die von Menschen gebaute Maschine benötigt beispielsweise Benzin, Dampf, Wasser oder eine andere Energiequelle. Die von Gott gebaute Maschine „Mensch" bezieht ihre „Betriebsenergie" aus Lebensmitteln, aus der Natur, also direkt von Gott. Aber ohne eine „Antriebsenergie" kann weder eine Maschine noch ein Mensch arbeiten beziehungsweise existieren. Eine Maschine ohne Antriebsenergie wäre ein „Perpetuum mobile", und das gibt es nachweislich nicht! Auch diese Erkenntnis entspricht dem „Energieerhaltungsgesetz" der Physik. Jede Art von Energie befindet sich in einem ständigen Kreislauf, kann weder erzeugt werden noch verloren gehen, **denn es ist Gott**.

Nach einer begrenzten Betriebszeit tritt Verschleiß ein und die Maschine muss repariert werden. Bei der Technik spricht man von Verschleiß, und die Reparatur wird von Menschen ausgeführt. Beim Menschen spricht man von Krankheit, und um die Krankheiten zu heilen, also den Menschen zu „reparieren", mussten die Menschen die Geheimnisse der „Konstruktion" Mensch von Gott in Erfahrung bringen beziehungsweise erforschen. Wir sagen „Medizinstudium" dazu. Aber der Mensch kann nur „Hilfestellung" leisten, die Heilung wird von Gott durchgeführt! Es ist erstaunlich, wie viele dieser Geheimnisse schon entschlüsselt wurden, aber bei weitem noch nicht alle. Wir wissen zwar inzwischen von allen Organen im menschlichen Körper, was sie produzieren und warum, beziehungsweise wofür, aber wir wissen nicht, **wie** sie das machen.

Ein Beispiel zu dieser Aussage:

Die Bauchspeicheldrüse (Pankreas) produziert unter anderem das für die Funktion der Verdauung so wichtige Insulin und regelt gemeinsam mit anderen Drüsen die Verdauung. Das ist hinreichend bekannt. Auch wissen wir: Wenn diese Drüse nicht mehr genügend Insulin produziert, ist der Mensch krank, er hat Diabetes. Alles bekannt. Aber wir wissen nicht, **wie** die Bauchspeicheldrüse das Insulin und noch andere Hormone produziert! Braucht sie dafür einen Grund- oder Ausgangsstoff? Wie entstehen diese lebenswichtigen Hormone? Es hört sich alles sehr logisch an, wenn man liest, was da produziert wird. Aber wenn man anfängt, darüber nachzudenken, stellt man plötzlich fest, dass unser Verstand und unsere Kenntnisse nicht ausreichen, um dieses Wunder zu begreifen und zu erklären. Obwohl wir das Insulin längst entschlüsselt haben und es nachbauen, wissen wir nicht, wie es das Pankreas macht. Genauso ist es bei allen anderen Organen im menschlichen Körper.

Das gilt auch nicht nur für Menschen, sondern auch für alle Tiere und Pflanzen. Denn auch dort werden alle wichtigen Stoffe, welche für das Leben der Tiere oder Pflanzen erforderlich sind, produziert.

Ganz gleich, welches Organ wir betrachten: Wenn der Mensch stirbt, hören alle Organe sofort auf zu arbeiten. Das klingt alles so unwahrscheinlich selbstverständlich. Aber wenn das Gehirn aufhört zu arbeiten, hören automatisch alle Organe im Körper auch auf. Das bedeutet also, dass jedes Organ im Körper elektrische Signale vom Gehirn benötigt, um arbeiten zu können.

Entnimmt man diese Organe und fügt sie in einen anderen menschlichen Körper ein, welcher noch Lebensenergie (Gott) besitzt, nehmen sie sofort ihre Arbeit wieder auf. Gut, wir wissen natürlich, dass das der Fall ist, weil das Gehirn noch arbeitet und mit seinen Signalen die Organe zur Arbeit anregt. Aber ist das erklärbar? Nein! Selbst die klügsten Köpfe unserer Ärzte und Mediziner können es nicht erklären! Sie wissen zwar, dass es so ist und wie es funktioniert, aber nicht, warum und wieso. Es ist die Energie, **also Gott**, was dieses Wunder zustande bringt. Das klingt wie eine abgedroschene Floskel, aber eine Erklärung ist das nicht.

Denken Sie zum Beispiel an das Herz. Eine durchdachte Konstruktion aus Muskeln, welche als Pumpe arbeitet und das Blut durch die Lunge drückt, um es dort mit Sauerstoff anzureichern. Die Lunge entnimmt den Sauerstoff vollautomatisch, also meist ohne unser bewusstes

Handeln, der Umgebungsluft (das Atmen). Anschließend wird das Blut vom Herzen durch den ganzen Körper gedrückt, um hier jede Zelle des Körpers mit dem lebensnotwendigen Sauerstoff zu versorgen.

Das entnommene Herz eines Verstorbenen liegt reglos in der Hand des Operateurs und wird meist auch noch über weite Strecken transportiert. Sobald es wieder im Körper eines anderen Patienten platziert und mit den Blutgefäßen verbunden wird, beginnt es wieder zu pumpen, wir sagen „schlagen" dazu. Nun sehen Sie sich in diesem Zusammenhang einmal den Blutkreislauf etwas genauer an.

Die unterschiedlichen Blutzellen entstehen im Knochenmark. Diese Produktion läuft das ganze Leben lang, und zwar genauso viele Blutzellen, wie ständig absterben, werden ständig neu produziert. Das sind immerhin einige Millionen in jeder Sekunde. Ja, Sie haben richtig gelesen, einige Millionen pro Sekunde. Ist das vorstellbar? Nein, ist es nicht! Diese Blutzellen werden ständig dem Blutkreislauf zugeführt, um die erforderliche Blutmenge zu halten. Nun wird das umlaufende Blut in der Lunge mit Sauerstoff und in der Darmwandung mit Nährstoffen versorgt beziehungsweise angereichert. Diese Stoffe transportiert nun das Blut zu jeder kleinen Zelle im Körper, wo sie benötigt werden. Das Blut transportiert aber nicht nur die lebenswichtigen Nährstoffe zu den Organen, sondern verteilt auch die Körperwärme aus dem Inneren auf den gesamten Körper. Die Wärme entsteht im Magen und Darm durch Oxidation (Verbrennung) der Nahrungsmittel und im Körper durch Bewegung.

Das ist für uns schon so alltäglich und bekannt, dass wir eben darüber gar nicht mehr nachdenken. Und natürlich gehört es zum Grundwissen der Medizinstudenten. Aber von Zeit zu Zeit sollten wir doch darüber nachdenken, um uns immer wieder dieses Wunder vor Augen zu führen. Denn eine sachliche Begründung, warum das so ist und wie das funktioniert, gibt es nicht. **Wunder kann man nicht erklären.**

Betrachten Sie eine Niere. Sobald die Niere eines Verstorbenen einem anderen Patienten in den Körper gelegt und an dessen Blutgefäße angeschlossen wird, tropft sofort Urin aus dem Harnleiter, also die Niere beginnt sofort wieder zu arbeiten und das Blut zu reinigen. Genauso ist es mit allen anderen Organen. Auch diese kleinen Details kann man mit dem Begriff „göttliches Wunder" belegen.

Dem menschlichen Forschergeist haben wir es zu verdanken, dass diese Implantationen möglich geworden sind. Aber ohne die genialen „Konstruktionsmechanismen" Gottes wären diese Dinge nicht möglich.

Mit diesen Betrachtungen sind wir ein wenig von dem derzeitigen Thema abgewichen. Eigentlich waren wir bei der Betrachtung, dass vom ersten Moment der Entwicklung eines Menschen Gott, in Form von Energie, in ihm ist. Dies ist die allergrößte und allerwichtigste Tatsache, welche wir uns verinnerlichen müssen.

Genau so, wie wir uns nicht erklären können, wie aus einem Samenkorn in der Erde ein großer Baum oder irgendeine Pflanze „wächst", können wir uns nicht erklären, wie aus einem Spermium und einer Eizelle so ein großer, stattlicher und kluger Mensch „wachsen" kann. Nur eines wissen wir mit Sicherheit: Ohne die göttliche Energie wäre es undenkbar. Diese Tatsache müssen wir einfach akzeptieren und in all unsere Betrachtungen einfließen lassen. Viele werden jetzt sagen: Ist doch alles bekannt und erforscht! Ja, natürlich, alles, was ich hier sage, ist bekannt und erforscht! Aber es kann nicht erforscht werden, warum das so ist und wie es eigentlich funktioniert. Das liegt allein in Gottes Hand.

Also, nun wissen wir, dass unser gesamtes Werden, unsere gesamte Entwicklung von Gott gelenkt wird. Aber das ist noch lange nicht alles!

Zunächst gibt es zwei grundsätzliche Abschnitte der Entwicklung eines Menschen:

1. die körperliche, rein materielle Entwicklung des menschlichen Körpers (das Wachstum), und
2. die geistige Entwicklung.

Die optisch sichtbare Entwicklung ist die materielle, körperliche Entwicklung. Sie ist vergleichbar mit dem „Wachsen" eines Baumes. Dieses Wachstum ist zwar sichtbar, aber trotzdem genauso wunderbar und geheimnisvoll wie das unsichtbare, geistige Wachstum des Menschen.

Wir können es uns nicht erklären, wo die sich entwickelnde (wachsende) materielle Masse eines Körpers herkommt und wie sie entsteht. Wir sagen: Sie „wächst!" Aber wie? Wo kommt denn diese Materie her? Natürlich wissen wir, dass jede Materie aus Atomen und Molekülen besteht! Aber die müssen ja irgendwo herkommen und sich in der jeweils erforderlichen Konstellation zusammenschließen.

Bitte denken Sie an dieser Stelle einmal in aller Ruhe nach! Da ist ein kleiner Fötus im Mutterleib, mit der Form eines Menschen schon vergleichbar, und daraus wird ein großer athletischer Mensch! Voller Kraft und voller Geist. Mit einer unvorstellbar komplizierten Technik (Organismus) im Körper. Da frage ich zum tausendsten Mal: was ist „wachsen", wo kommt diese Materie her und wie entsteht sie?

Nun kommen wir zu dem großen Unterschied zwischen dem Wachsen eines Baumes und dem Wachsen eines Menschen. Der Baum wächst und steht unbeweglich an seinem Standort. Vielleicht gibt es sogar Menschen, die glauben, ein Baum sei ein lebloser Gegenstand, weil er sich nicht bewegt. Aber das ist natürlich weit gefehlt. Ein Baum ist ein Lebewesen ähnlich einem Menschen, jedoch ohne eine geistige Entwicklung, also er hat kein Gehirn. Aber er wächst wie ein Mensch und benötigt dazu Nährstoffe (Nahrungsmittel) wie ein Mensch. Bekommt er diese nicht, muss er, wie ein Mensch auch, sterben.

Der Unterschied Mensch-Baum liegt darin, dass Gott den Menschen mit der Möglichkeit zum „Denken" ausgerüstet hat. Das hört sich erst mal sehr banal an.

Bitte bedenken Sie aber, dass nicht die kleinste Bewegung von einem Menschen ausgeführt werden kann, ohne einen vorherigen „Denkvorgang" auszuführen. Diesen Denkvorgang habe ich ausführlich in meinem

Buch „Wo ist Gott?" beschrieben. Hinzufügen möchte ich noch, dass allein der kleinste Denkprozess in einem menschlichen Gehirn ein absolutes Wunder darstellt. Sicher haben Sie schon sehr oft Darstellungen eines „Denkvorganges" in einem Gehirn in vereinfachtem Prinzip gesehen. Die „Synapsen", die Kontaktstellen im Gehirn, welche die elektrischen Impulse empfangen und weiterleiten. Ein elektrischer Impuls, der aus dem Gehirn kommt und an die entsprechenden Muskeln geleitet wird, löst den Bewegungsvorgang aus. Ein gesunder Mensch kann diesen Vorgang kontrollieren und bewusst steuern.

Damit Sie sich vorstellen können, wovon wir sprechen: Ein **Kubikmillimeter** Hirngewebe enthält etwa 100 000 Nervenzellen und damit etwa **eine Milliarde Synapsen!** Diese Größenordnung ist noch weniger vorstellbar als das Weltall.

Stellen Sie sich einen tanzenden Menschen vor, der in kürzester Zeit eine Vielzahl komplizierter Bewegungen ausführt! Was für ein Feuerwerk von elektrischen Impulsen, die über Billionen Synapsen übertragen werden müssen, um die vielen Bewegungen im richtigen Moment ausführen zu können.

Wenn Sie Ihren Arm heben, zieht doch keiner daran wie bei einer Marionette!

Vielmehr werden mehrere unterschiedliche Muskeln durch einen elektrischen Impuls erregt. Wo kommt diese elektrische Energie her? Im Gehirn gibt es keine Spulen oder ähnliche Dinge, welche Elektrizität erzeugen! Aber diese „Elektrizität", welche im Gehirn erzeugt wird, ist messbar! An jeder Stelle des Kopfes kann man von außen diese Ströme messen!

Natürlich kann man das alles einfach abtun und sagen: Ja, das ist eben so und das funktioniert so. Es ist eben die „Natur", und die haben wir ja auch erforscht! Aber man sollte hin und wieder darüber nachdenken.

Diese Wunder sind ohne Gott (dieses Energiefeld) einfach nicht möglich und nicht denkbar.

Ich bin dir näher, als du glaubst, Gott.

Gerechtigkeit durch Gott

Bisher haben wir uns mit Gott in uns beschäftigt. Wir wissen nun, dass ohne Gott überhaupt kein Leben möglich wäre. Das meine ich nicht abstrakt oder emotional, sondern absolut objektiv und sachlich. Denn diese Energie, welche uns das Leben erst möglich macht, **ist Gott.**

In meinem Buch „Wo ist Gott?" habe ich bereits sehr umfassend auf die göttliche Gerechtigkeit hingewiesen. Aber ich möchte doch noch einmal darauf eingehen, denn manchmal könnte man den Eindruck gewinnen, dass so manches Vergehen ungesühnt bleibt. Dem ist aber auf keinen Fall so!

Versuchen wir zunächst mal zu untersuchen, wie es überhaupt zu einem strafbaren Fehlverhalten eines Menschen kommt. Es gibt mehrere Möglichkeiten dafür.

1. Ein Mensch wird zu seiner Geburt nicht von Gott, also von positiver Energie, besetzt, sondern von negativer Energie, also vom „Teufel". Wie es dazu kommen kann, ist leider völlig unbekannt. Aber es ist leider so.

Diesen Menschen liegt das Böse gewissermaßen im Blut. Ihnen macht es Freude, Böses zu tun und anderen Menschen Schaden zuzufügen. Diese Menschen sind nicht einmal durch „Erziehungsmaßnahmen" zu verändern. Sie sind das personifizierte Böse.

2. Ein Mensch wird zwar mit positiver Energie, also mit Gott, geboren, aber entwickelt sich später durch äußere Einflüsse zu einem bösen Menschen. Das kann durch Befehlsnotstand oder durch negative „Freunde" geschehen. Diese Menschen sind von Geburt aus gut, werden aber entweder zu bösen Taten verleitet und sind zu schwach, sich dagegen zu wehren, oder werden durch Befehle zu bösen Taten gezwungen, aber sie empfinden keine Freude an diesen Taten.

3. Ein Mensch wird „gut" geboren und entwickelt sich auch als guter Mensch, wird aber durch Hass oder von Habgier zu einer bösen Tat verleitet. Das ist ein ganz wichtiger Punkt in unserer Psychologie. „Hass" ist ein Element des Bösen und wird dem in diesem Moment wehrlosen Menschen mit üblen Tricks von der negativen Energie (Teufel) aufgedrückt. „Hass" zu empfinden ist das Ziel der negativen Energie.

Sie können absolut sicher sein, dass diese drei Varianten im Leben eines Menschen eine ganz entscheidende Rolle bei der Beurteilung seines gelebten Lebens später im Jenseits spielen. Deshalb ist es absolut sicher, dass keine böse Tat ungesühnt bleibt, auch wenn wir es nicht sofort erkennen. Die Geschichte von der himmlischen Vergeltung in meinem Buch „Wo ist Gott?" erzählt genau so einen Vorgang, der dort noch zu Lebzeiten der Personen stattfand, aber genauso gut erst im Jenseits stattfinden könnte.

Nun könnte man natürlich zu dem Schluss kommen: Ja, warum verhindert denn Gott nicht diese bösen und negativen Ereignisse? Wieso lässt er Kriege oder Dinge wie beispielsweise den Holocaust oder andere entsetzliche Verbrechen zu? Aber nicht nur Kriege oder Verbrechen werden da angeführt, nein, auch schlimme und tödliche Krankheiten gehören dazu. Solche oder ähnliche Fragen werden immer wieder von den Zweiflern an Gott in den Diskussionen verwendet, um den Beweis zu erbringen, dass es keine göttliche Allmacht geben kann. Hier muss man aber wirklich einmal tiefer und gründlicher nachdenken.

Zugegeben, das ist nicht einfach. Zunächst müssen wir sagen: „Glauben ist nicht wissen." Das scheint zumindest so zu sein. Aber je intensiver man sich mit Gott befasst, umso klarer wird das Wissen um den Glauben an ihn.

Also, die Frage war: Warum lässt Gott der Allmächtige zum Beispiel einen Krieg zu? Da müssen wir nicht lange überlegen. Gott lässt den Krieg nicht bewusst zu, sondern er kann ihn nicht verhindern. In der Schöpfung hat Gott die Menschen mit einem komplizierten Denkapparat, dem Gehirn, ausgestattet und ihnen freie Entscheidungsrechte garantiert. Die Menschen, welche bewusst mit Gott leben, also mit positiver Energie geladen sind, werden auch nie Handlungen begehen, welche anderen Menschen Schaden zufügen würden. Aber es genügt ein Mensch mit negativer Energie, welcher auch noch, aus welchen Gründen auch immer, Befehlsgewalt über andere Menschen erhält, der dann aus Hass, Habgier, Herrschsucht oder purer Freude am Töten einen

Krieg anzettelt oder andere Gewaltverbrechen verübt. In diese Menschen kann Gott nicht mehr eindringen, da sie bereits von negativer Energie voll besetzt sind. Ich weiß, dieses Beispiel klingt sehr banal und primitiv, aber man kann es nicht anders zum Ausdruck bringen, und es stimmt. Diese Verbrechen können jedoch von der göttlichen Allmacht nie vergessen werden.

Genauso ist es mit allen anderen Arten von katastrophalen Ereignissen, wie beispielsweise Verkehrsunfällen oder Ähnlichem. Wenn ein Mensch in ein solches Ereignis involviert wird und es überlebt, sagt man: Der hatte aber viele und fleißige **Schutzengel!**

Hier muss man ganz genau nachdenken. Gott hat nicht die Möglichkeit, bestimmte Ereignisse zu verhindern, welche von Menschen verursacht oder ausgelöst wurden, etwa Flugzeugabsturz, Verkehrsunfall, Erdrutsch und vieles mehr. Gott hat aber die Möglichkeit, entweder einen Menschen zu veranlassen, in diesem Moment nicht dort hinzugehen, oder ihn durch Kleinigkeiten vor Schaden zu bewahren. Aber auch hier kommt es darauf an, dass der Mensch **es will** und dass er den eventuellen „Hinweisen" in seinem Kopf, welche auch durch bloße Gefühle zum Ausdruck kommen können, Folge leistet. Persönliche Erlebnisse und Beispiele dafür gibt es sehr viele, nachzulesen in verschiedenen Büchern von mir.

Mit dem Begriff „Schutzengel" bezeichnen wir Informationen von Gott, welche fast unbewusst unser Gehirn beeinflussen und uns zwingen, Handlungsentscheidungen zu treffen.

Es ist mitunter sehr schwer, solche Ereignisse zu differenzieren. Da ist zum Beispiel ein Mensch, der die Absicht hat, mit einem Flugzeug eine Reise anzutreten. Kurze Zeit vor seiner geplanten Abreise wird ein ihm sehr wichtiger Mensch sehr krank und bittet ihn, zu ihm zu kommen. Der Besuch würde allerdings mehr Zeit in Anspruch nehmen, als ihm bis zu seiner geplanten Abreise zur Verfügung steht. Der Reisende entschuldigt sich und versichert, dass er direkt nach der Reise zu dem Kranken kommen werde. Er reist, und das Flugzeug stürzt ab. Jetzt wird klar: Den Flugzeugabsturz konnte Gott nicht verhindern, der wurde durch Menschen oder deren Technik verursacht. Aber er hat versucht, den Reisenden von dieser Reise abzuhalten, der aber diesen Wink weder verstanden noch genutzt hat. Somit kann man Gott nicht mehr verantwortlich machen. Damit will ich zum Ausdruck bringen, dass die Auswirkungen eines „Schutzengels" immer eine geistige Einflussnahme von Gott darstellen.

Sicher, das ist nur ein kleines Beispiel der vielfältigen Möglichkeiten, aber es charakterisiert derartige oder ähnliche Ereignisse. Und genau so einen ähnlichen Fall habe ich selbst erlebt.

In den Jahren meiner Tätigkeit in Ägypten kam es zu folgendem Ereignis: Meine Aufgaben waren abgearbeitet und ich hatte den nächstmöglichen Flug nach Berlin über die Schweiz gebucht. Zwei Tage vor meiner geplanten Abreise aus Kairo erhielt ich von der Handelsvertretung der DDR einen Auftrag zu einer Beratung über die Elektrifizierung einer Getreidemühle im Nildelta.

Ich hätte durchaus die Möglichkeit gehabt, die Beratung im Nildelta auf meinen nächsten Besuch in Ägypten zu verschieben, aber ich habe ihn, wenn auch widerwillig, durchgeführt – habe also meine Termine in Deutschland verschoben und meinen gebuchten Flug storniert. Was soll ich Ihnen sagen, das Flugzeug ist abgestürzt! Also immer wieder, wenn ich an dieses Ereignis denke, sträuben sich mir die Haare. Glauben Sie, es war ein Zufall? Da garantiere ich Ihnen, solche Zufälle gibt es nicht! Hier ist es so wie oben beschrieben. Den Flugzeugabsturz konnte Gott nicht verhindern. Diese Technik ist von Menschen entwickelt und hergestellt worden. Da sind ganz allein die Menschen dafür zuständig und verantwortlich. Aber Gott konnte verhindern, dass ich dort mitfliege! Jeder sagt: Da hat dein Schutzengel aber aufgepasst! Es ist also durchaus legitim und in Ordnung, wenn wir Menschen solche Schutzereignisse einem „Engel" zuschreiben. Derartige „bildliche" Vorstellungen und Phantasien machen unseren Glauben an Gott richtig schön und greifbar.

„Ich bin dir näher, als du glaubst, Gott"

Auch aus dem Krieg gibt es unzählige ähnliche Beispiele. Ich war im Alter von 16 Jahren als Panzerjäger an der Front. Zwar waren es nur noch drei Monate Kampfeinsatz, aber diese Einsätze waren sehr heftig und ich habe mehr als einmal einen Einsatz nur durch ähnliche „Zufälle" überlebt. Die Einsätze selbst möchte ich hier und jetzt nicht noch einmal wiederholen, da ich sie schon in meinen anderen Büchern eingehend geschildert habe. Im

Krieg kommt allerdings eine Besonderheit hinzu, nämlich der „Befehlsnotstand". Man könnte ja sagen, Gott könnte doch die Männer beeinflussen, dort, wo sie gefallen sind, nicht hinzugehen. Und das ist eben der Punkt, der nicht funktioniert. Hier hat Gott keine Möglichkeit zu helfen. Der Krieg bricht aus, weil Menschen mit negativer Energie es so wollen. Wer einen Krieg anzettelt, hat auch Macht über Menschen und befiehlt ihnen, andere Menschen zu töten, also zu kämpfen. Sollte dieser Mensch diesem Befehl nicht nachkommen, dann wird er wegen „Befehlsverweigerung" oder wegen „Feigheit vorm Feind" erschossen. Hier möchte ich doch noch mal ein persönliches Erlebnis einfügen.

Am 7. Mai 1945 (also am letzten Tag des Krieges) hatte ich als Panzerjäger meinen letzten Kampfeinsatz in Hartha bei Tharandt, in der Nähe von Dresden. Ich nahm an einem Spähtrupp teil. Wir waren zehn Soldaten (wovon ich mit 16 Jahren der Älteste war) und ein Leutnant. Wir hatten den Auftrag, im Wald von Hartha eine russische Panzerformation festzustellen. Bei dem Überqueren einer Lichtung wurden wir plötzlich von russischen Granatwerfern beschossen. Dem Beschuss fielen neun meiner Kameraden zum Opfer. Nur der Leutnant und ich blieben am Leben. Noch am gleichen Abend (07.05.1945) hat unsere Panzerjagdkompanie auf Fahrrädern Tharandt in Richtung der tschechischen Grenze verlassen. In dem Chaos auf der völlig überfüllten Straße Richtung Altenberg wurde unsere Kompanie auseinandergerissen und wir haben uns aus den Augen verloren. An dieser Straße liegt der Ort Oelsa bei Rabenau. Dort wohnte damals eine Schwester meiner Mutter, also eine Tante von mir. Da wir dort vorbeigezogen sind, bin ich, abgekämpft und erschöpft, zu ihr in die Wohnung gegangen. Sie hat mich sehr freundlich und überrascht empfangen und in ihr Wohnzimmer geführt. Als ich das Wohnzimmer betrat, bekam ich einen Riesenschreck. Dort saßen drei hohe Offiziere der deutschen Wehrmacht! Ich salutierte und meldete mich mit Namen und Grund meines Erscheinens.

„So, so", meldete sich ein Major zu Wort, „also versprengt sind Sie. Ich will Ihnen was sagen, Sie sind nicht versprengt, sondern Sie sind desertiert!"

Und dabei wurde seine Stimme immer lauter.

„Desertiert, und jetzt versuchen Sie das derzeitige Durcheinander auszunutzen und zu fliehen! Aber da wird nichts draus, mein Lieber, ich werde Sie wegen Feigheit vorm Feind standrechtlich erschießen! Und zwar jetzt sofort!" Und schon nestelte er an seiner Pistolentasche herum und befahl mir, mit ihm in den Garten zu gehen, wo er das Urteil vollstrecken wollte.

Meine anwesende Tante schrie laut auf und fiel vor ihm auf die Knie.

Die beiden anderen anwesenden Offiziere sprachen beschwichtigend auf ihn ein und betonten, dass es erstens nicht erwiesen sei, ob ich tatsächlich versprengt oder geflüchtet sei, und dass zweitens dieses Opfer in der derzeitigen Situation weder angebracht noch sinnvoll sei.

Der Major beruhigte sich und sagte: „Vielleicht habt ihr recht, aber eins kann ich Ihnen sagen", wendete er sich mir wieder zu, „wenn ich rauskriege, dass Sie desertiert sind, erschieß ich Sie sofort!"

Nach dem verlustreichen Kampfeinsatz vom Vortag in Hartha bei Tharandt war das für mich der absolute Horror! Ich war mit den Nerven völlig am Ende und habe mich sofort aus dem Staub gemacht.

Vielleicht fragen Sie sich jetzt: Was hat das mit Gott zu tun? Hier ist sehr wohl die göttliche Vorsehung im Spiel! Die Anwesenheit der beiden „normalen" Offiziere hat mir das Leben gerettet! Dass diese beiden dabei waren, hat ja eine lange Entwicklung gebraucht, und diese ist Teil der göttlichen Vorsehung.

An diesem Beispiel sieht man ganz deutlich: Es geschieht nichts, aber auch gar nichts zufällig. Natürlich könnte man jetzt sagen, Gott hätte mich doch daran hindern können, zu meiner Tante nach Hause zu gehen. Aber das funktioniert nicht. Wie soll das denn Gott machen? Ich war völlig erschöpft und laufe an der Wohnung meiner Tante vorbei? Da gibt es keine Möglichkeit, mich davon abzuhalten, da reinzugehen. Vor allem lag das Ende des Krieges in der Luft und Tausende von Menschen zogen mit Sack und Pack, mit kleinen Wägelchen, in Richtung Tschechoslowakei. In diesem Moment war ich völlig unempfänglich für göttliche Signale.

Nach diesem Fiasko habe ich am nächsten Tag die tschechische Grenze erreicht. Die weiteren Erlebnisse lesen Sie bitte in meinem Buch „Das Drama von Dresden und die Sonne Ägyptens". Eines ist sicher, ohne die Hilfe Gottes hätte ich diese Kriegsereignisse nicht überlebt!

Stellung und Aufgabe der Kirche

Bitte, liebe Leserinnen und liebe Leser, glauben Sie nicht, ich sei größenwahnsinnig und würde mir anmaßen, über Stellung und Aufgabe der Kirche befinden zu können oder zu dürfen. Nein, natürlich nicht! Ich möchte lediglich versuchen, diese Kriterien etwas zu beleuchten, um manchen Menschen zu bewegen, doch hin und wieder einen Gottesdienst zu besuchen. Ich versichere jedem Menschen, der, aus welchem Grund auch immer, der Kirche fernbleibt, dass er nie in seinem Leben deshalb einen persönlichen Schaden erleiden wird! Es ist sein legitimes Recht, selbst zu entscheiden, ob er an einem Gottesdienst in einer Kirche teilnehmen will oder nicht. Aber empfehlen kann und darf ich das, und eines kann ich Ihnen dabei versichern, ob Sie glauben oder nicht, Sie werden sich nach der Teilnahme an einem Gottesdienst anders fühlen. Es ist ein ganz eigenartiger Zauber, der davon ausgeht! Allein der Aufenthalt in einem Gotteshaus löst schon diesen Zauber aus. Das ist zum Beispiel spürbar, wenn man im Urlaub irgendwo und irgendwann eine Kirche besichtigt und sich einige Zeit in ihr aufhält. Man spürt eine unsagbare Ruhe in sich und verlässt das Gotteshaus als ein anderer Mensch.

Warum gibt es die Kirche und wie ist sie entstanden? Zu Lebzeiten von Jesus Christus gab es sie noch nicht, aber es gab schon Synagogen, die Gotteshäuser der Juden. Jesus

Christus hat das Wort seines Vaters entweder im Freien oder in einer Synagoge verkündet. Warum auch nicht? Ob Juden, Moslems oder Christen, alle glauben an einen Gott und zwar alle an den gleichen, nur jeder nennt ihn anders.

Die Anhänger von Jesus Christus haben sich zu seinen Lebzeiten unter Lebensgefahr zu einer Glaubensgemeinschaft zusammengeschlossen und sich nach seinem Namen „Christen" genannt. Nach dem Tod von Jesus Christus wurden ihre Gottesdienste geheim in privaten Wohnungen durchgeführt. Nach und nach entstanden dann dafür Gotteshäuser, und diese wurden „Kirche" genannt. Natürlich wurde und wird heute noch dafür Geld benötigt. Die Gemeindemitglieder wurden damals wie heute darum gebeten, mit einem kleinen Beitrag die Finanzierung der Gemeindearbeit zu unterstützen. Das ist alles hinreichend bekannt. Aber auf eine wichtige Besonderheit möchte ich hier hinweisen. Die Kirche öffnet ihre Tore für jeden Menschen! Es ist völlig gleichgültig, ob er Mitglied ist, seinen Beitrag bezahlt hat, oder was er über Gott und die Kirche denkt. Bitte denken Sie einmal darüber nach. Diesen Umstand gibt es nur in der Kirche, und das hat natürlich auch seinen Grund.

Die Kirche hat den Auftrag und die Aufgabe, **alle** Menschen mit dem Wort Gottes vertraut zu machen. Das bedeutet, dass natürlich auch die an Gott zweifelnden Menschen willkommen sind und immer freien Zugang zu dem Gotteshaus haben müssen. Dies ist ein ganz wichtiger Aspekt bei den Überlegungen über die Kirche.

Der Kirche ist es zu allen Zeiten gelungen, trotz Unterdrückung und Diffamierung, die Gemeindeglieder zusammenzuhalten und den Menschen Trost zu spenden. Viele Pfarrer und Kirchenleute mussten ihre Arbeit in der Kirche während der Naziherrschaft mit ihrem Leben bezahlen. Das ist zwar hinreichend bekannt, sollte aber nicht vergessen werden. Also zwischen der Zeit der Entstehung des Christentums vor zweitausend Jahren und der Zeit der Naziherrschaft gibt es für die Kirche keinen großen Unterschied.

Heute ist es einfach, Christ zu sein. Die unterschiedlichen Glaubensrichtungen, katholisch oder evangelisch, spielen keine Rolle mehr. Das war ja leider nicht immer so. Ein kleiner letzter Rest gewisser Vorbehalte ist noch vorhanden, sollte aber so nach und nach verschwinden. So wird es beispielsweise nicht gern gesehen, wenn ein evangelischer Christ in einer katholischen Kirche am Abendmahl teilnimmt, es wird nicht gern gesehen, wenn ein evangelischer Christ katholische Bräuche praktiziert, wie zum Beispiel das Bekreuzigen, ein Lebenslicht auf das Grab zu stellen oder Ähnliches.

Hier ist es eindeutig Aufgabe der Kirche, helfend einzugreifen und die Glaubensgemeinschaft (Ökumene) zu fördern und zu unterstützen.

Außer der Vermittlung des Wortes Gottes (Gottesdienst) hat natürlich die Kirche den Auftrag, die Verbindung und Einbindung der Menschen in das „Leben mit Gott" durchzuführen und zu praktizieren. Hierzu gehört:

- die Taufe,
- die Konfirmation beziehungsweise Kommunion,

- die Eheschließung beziehungsweise Einsegnung und
- die Beisetzung der Verstorbenen.

Allerdings muss ich hier ein offenes Wort sprechen.

Das Wort Gottes in der Kirche wird nicht so deutlich angesprochen, wie es mir erforderlich scheint.

Als ich Kind war, prangte in der Auferstehungskirche Dresden-Plauen an der Decke über dem Altar das Relief des Kopfes eines alten Mannes und daneben eine Schwurhand. Uns wurde damals erklärt, dass das Gott darstelle. Und so habe ich ihn mir immer vorgestellt. Offiziell hat sich die Kirche in der Zwischenzeit von dieser Vorstellung distanziert und bekennt sich zu der Tatsache, dass Gott keine Materie ist und deshalb auch nicht wie ein Mensch aussehen kann. Das Relief an der Kirchendecke wurde deshalb entfernt. Das ist auch völlig in Ordnung. Aber ich werde das Gefühl nicht los, dass die Kirche nicht offen ansprechen möchte, was Gott denn sein könnte, wenn er keine Materie ist. Ich vermute, dass die Kirche doch die verbreitete Illusion über Gott erhalten möchte. Vielleicht tut sie auch gut daran, weil sich viele Menschen an diese alte Vorstellung klammern. Aber ich denke, wir kommen nicht darum herum, den Menschen zu sagen, was und wo Gott ist. Wobei ich dabei felsenfest davon überzeugt bin, dass diese Erkenntnis nicht schlechter ist als die althergebrachte Vorstellung. Es muss nur richtig interpretiert werden.

So kann etwa dem Argument der Atheisten „Wo ist denn Euer Gott?", mit all seinen Auslegungen und Diskussionen, mit der Wahrheit mühelos entgegengetreten werden, ohne dem christlichen Glauben auch nur den geringsten Kratzer zu zufügen.

Auch die stärksten Zweifler werden diese Tatsachen akzeptieren und anerkennen müssen, weil sie nicht nur überzeugen, sondern auch für alle Menschen angenehm sind und glücklich machen.

In diesem Sinne rufe ich allen Menschen zu:

Gott ist dir näher, als du glaubst!